DANS LA MÊME COLLECTION

Dans la course, Leonore Fleischer
Le champion, Richard Woodley
Le choix, Og Mandino
Une merveilleuse obsession, Lloyd C. Douglas

LE FONCEUR
(The Go-Getter)

DISTRIBUTION:

· Pour le Canada:
AGENCE DE DISTRIBUTION POPULAIRE INC.
955, rue Amherst, Montréal H2L 3K4
(Tél.: (514) 523-1182)

· Pour la Belgique:
VANDER, S. A.
Avenue des Volontaires
321, B-1150 Bruxelles, Belgique
(Tél.: 02-762-9804)

Cet ouvrage a été publié en langue anglaise sous le titre:
THE GO-GETTER

Original English Language Edition published by:
Holt, Rinehart and Winston/CBS Educational and
Professional Publishing, New York 10175

Dépôts légaux 3e trimestre 1982
Bibliothèque nationale du Québec
Bibliothèque nationale du Canada

Conception graphique de la couverture:
MICHEL BÉRARD

Traduction:
Le bureau de traduction TRANS-ADAPT Inc.

ISBN: 2-89225-021-8

PETER B. KYNE

LE FONCEUR

(THE GO-GETTER)

CELUI QUE RIEN N'ARRÊTE

Les éditions Un monde différent Ltée
3400, boulevard Losch, local 8
Saint-Hubert, QC
Canada J3Y 5T6

À la mémoire de mon chef, feu le brigadier-général Leroy S. Lyon, un temps commandant de la 65e brigade d'artillerie terrestre de la 40e division de l'armée des États-Unis.

Il mit en pratique et prêcha une religion de loyauté envers le pays et la tâche qui lui incombait, quelle qu'elle fut.

Le fonceur

I

Monsieur Alden P. Ricks, qu'on appelle familièrement Cappy Ricks dans les milieux de la vente de gros et de l'expédition du bois de la Côte du Pacifique, éprouvait plus d'ennuis qu'une poule au milieu de ses poussins. C'est ce dont il entretenait monsieur Skinner, p.d.g. de la Ricks Logging & Lumbering Company, la société qui représentait les vastes intérêts de Cappy dans le domaine de l'exploitation forestière; il parlait aussi sèchement au capitaine Matt Peasley, son gendre et p.d.g. lui aussi, mais de la Blue Star Navigation Company, autre société de Ricks, laquelle représentait les intérêts de ce dernier dans la marine marchande américaine.

Monsieur Skinner accueillit le propos de Cappy Ricks en silence. Il ne lui était pas apparenté. Matt Peasley, lui, s'assit, croisa les jambes et soutint le regard de son ingénieux beau-père:

«*Vous* avez des ennuis, railla-t-il, insistant sur le «vous». Quelque malheur se serait-il abattu sur vous? Ou serait-ce que la nomination de Herbert

Hoover au poste de ministre du commerce vous gêne?»

«Retenez vos sarcasmes, jeune homme, fit Cappy d'une voix perçante. Vous savez bien que ça n'a rien à voir avec ma santé ou la politique. Le fait est qu'à un âge avancé, je me retrouve entouré du plus bel assemblage de nullités depuis qu'Ajax défia la foudre.»

«De qui voulez-vous parler?»

«De vous et de Skinner.»

«Pourquoi? Qu'avons-nous fait?»

«Vous m'avez convaincu de prendre en main la gestion de vingt-cinq de ces maudits navires et depuis qu'ils sont passés entre nos mains, la panique, presque, a frappé le pays, les tarifs sont tombés, les ingénieurs maritimes ont déclenché une grève et chacun des jeunes drôles que nous avons envoyés en Orient prendre en charge un de nos bureaux s'est enflé la tête rapidement, s'imaginant avoir pour mission de boire tout le whisky synthétique fabriqué au Japon et destiné aux Américains assoiffés. À mon âge, tous les deux, vous nous placez dans la position inconfortable de devoir congédier des gens par télégramme. Pourquoi? Parce qu'il s'agit d'une partie qu'on ne peut jouer sur notre propre terrain. Une grande part de nos affaires se font si loin que nous sommes incapables de les contrôler.»

Matt Peasley leva un doigt accusateur en direction de Cappy Ricks. «Nous n'avons jamais tenté de vous convaincre de prendre à votre compte l'administration de ces navires marchands. Nous nous sommes entendus pour que ce soit moi qui m'en charge. C'est moi que ça regarde. Vous n'avez rien à faire là-dedans. Vous avez pris votre retraite il y a dix ans. Tous les problèmes que posent les opérations maritimes reposent sur mes épaules compétentes, vieux défricheur.»

«En théorie, oui; en fait, non. J'espère que vous ne vous vous attendez pas à ce que je renonce à tout effort mental ou physique. Par tous les diables! Veut-on me refuser tout intérêt sentimental pour les entreprises où je suis actionnaire majoritaire? J'admets que c'est vous deux qui êtes chargés d'administrer mes affaires et habituellement, vous le faites assez bien; cependant... cependant... Hum! Hum! Qu'est-ce qui vous arrive, Matt? Et vous aussi, Skinner? Si Matt fait erreur, votre travail ne consiste-t-il pas à le lui faire comprendre avant que les résultats ne le surprennent? L'inverse est aussi vrai. Avez-vous tous les deux, nigauds que vous êtes, perdu toute capacité à juger les hommes? En avez-vous déjà été capables, au moins?»

«Vous faites allusion à Henderson, de notre bureau de Chang-hai, je suppose», interrompit Skinner.

«En effet, Skinner. Et je suis là pour vous rappeler que si nous nous en étions tenus à ce que nous faisons le mieux, le transport côtier, et avions laissé le transport trans-Pacifique et ses cargos aux autres, nous n'aurions pas de bureau à entretenir à Chang-hai ni ne serions empoisonnés par tous les Henderson du monde.»

«Il s'agit du meilleur vendeur de bois que nous ayons eu, se défendit monsieur Skinner. J'avais toutes les raisons de croire qu'il nous transmettrait de nombreuses commandes à expédier en Asie.»

«Henderson a gravi tous les échelons, de simple commis au poste de directeur des ventes de la division du bois et de préposé aux commandes de fret au poste d'agent de bord de la société maritime», ajouta Matt Peasley pour justifier leur choix.

«Je comprends tout cela. Mais m'avez-vous consulté avant de prendre la décision de l'envoyer en Chine se débrouiller seul?»

«Évidemment que non. Je suis le patron de la Blue Star Navigation Company, n'est-ce pas? L'homme était en poste à Chang-hai quand vous avez daigné déverser votre cargaison de conseils gratuits.»

«Je vous ai dit alors que Henderson ne réussirait pas, n'est-ce pas vrai?»

«Vous l'avez dit.»

«Et ce n'est que maintenant que j'ai la chance de vous dire ce que vous ne m'avez pas donné l'occasion de vous raconter avant de l'envoyer. Henderson *était* un bon homme, un expert, quand il répondait à un meilleur homme que lui. J'ai passé vingt ans à empêcher ce gars-là de se prendre pour un autre. Et maintenant, il est parti dans le Sud avec cent trente mille taels prélevés à notre compte de banque de Chang-hai.»

«Permettez-moi de vous rappeler, monsieur Ricks, intervint froidement monsieur Skinner, qu'il était couvert jusqu'à concurrence d'un quart de million de dollars.»

«Vous êtes mal placé pour parler de cela, Skinner. Permettez-moi de *vous* rappeler que c'est moi le petit génie qui a pris cette assurance à votre insu à tous les deux. Et pourtant, vous m'avez rappelé tout à l'heure que j'avais pris ma retraite voici dix ans, me faisant sentir par là que j'aurais dû cesser d'intervenir dans l'administration interne du bureau.»

«Eh bien! je dois admettre que votre prévoyance empêchera notre bureau de Chang-hai de fonctionner à perte cette année, répliqua Matt Peasley. Cependant, telle est la situation: Henderson a bu et joué et s'est endetté au-dessus de ses moyens. Il a négligé nos affaires et a poussé l'inconscience jusqu'à déguerpir avec notre compte de banque. Nous ne pouvions pas prévoir cela. Lorsque nous confions un poste de direction en Orient à quelqu'un, nous devons lui faire confiance entièrement ou pas du tout. Alors, inutile de pleurer sur du lait renversé, Cappy. Ce qu'il nous reste à faire est de trouver un successeur à Henderson et de l'envoyer à Chang-hai par le prochain bateau.»

«Oh, très bien, Matt, répliqua Cappy magnanimement. Je n'aurai donc pas à vous suggérer de le faire. Je suppose que je suis injuste de vous brailler au nez comme ça. Peut-être que, lorsque vous aurez mon âge, lorsque les orages mentaux et moraux vous auront marqué et fait suer aussi souvent qu'ils m'ont fait suer, peut-être serez-vous meilleur que moi pour juger les hommes dignes d'endosser des responsabilités. Skinner, avez-vous un candidat pour le poste?»

«Je regrette d'avoir à le dire, monsieur, je n'en ai pas. Tous les hommes de ma division sont très jeunes, en tout cas trop jeunes pour assumer pareille responsabilité.»

«Que voulez-vous dire par trop jeunes?», s'enflamma Cappy.

«Eh bien, le seul homme qui pourrait faire l'affaire, c'est Andrews, mais il est trop jeune. À peu près trente ans, je dirais.»

«À peu près trente ans, hein? C'est curieux, il me semble que vous en aviez environ vingt-huit lorsque je vous ai confié un poste à dix mille dollars comptants par année et la responsabilité de gérer une entreprise valant deux millions de dollars.»

«Oui, monsieur, mais c'est qu'Andrews n'a jamais été mis à l'épreuve...»

«Skinner, interrompit Cappy de sa voix la plus terrible, je me demande toujours comment il se fait que je ne vous aie toujours pas congédié. Vous dites qu'Andrews n'a jamais été mis à l'épreuve? Pourquoi n'a-t-il jamais été mis à l'épreuve? Pourquoi conservons-nous en place des gens dont on ne connaît pas les possibilités, de toute façon? Hein? Répondez-moi. Tut tut tut, inutile de piauler, monsieur. Si vous aviez fait votre devoir de chrétien, vous auriez pris une année de vacances lorsque le bois se vendait tout seul en 1919 et 1920, et vous auriez laissé Andrews occuper votre fauteuil pour voir de quel bois il se chauffe.»

«Fort heureusement, je ne suis pas parti pour un an, protesta Skinner, respectueusement, parce que le marché tomba soudainement peu après, et si vous pensez qu'il ne faille faire diligence pour vendre suffisamment de bois pour permettre à nos bateaux...»

«Comment osez-vous me contredire, Skinner? Quel âge avait Matt Peasley lorsque je lui ai confié la direction de la Blue Star Navigation Company et tout le fourbi? Il n'avait pas encore vingt-six ans.

Skinner, vous êtes vieux jeu. Les rabat-joie de votre espèce qui ont maintenu l'industrie dans l'indécision et l'ont étouffée par l'absurde théorie qui veut qu'un homme ait le dos courbé sous le travail comme le bœuf sous son collier et que ses cheveux soient blancs comme neige avant qu'on lui confie des responsabilités et un salaire décent, ont causé toutes nos guerres et toutes nos grèves. Nous vivons dans un monde fait pour les jeunes, Skinner, et ne vous avisez jamais de l'oublier. Les fonceurs de ce monde ont moins de trente ans. Matt, conclut-il en se tournant vers son gendre, que pensez-vous d'Andrews pour occuper le poste de Chang-hai?»

«Je pense qu'il fera l'affaire.»

«Qu'est-ce qui vous fait croire qu'il fera l'affaire?»

«Il le devrait. Il travaille ici depuis assez longtemps pour posséder le savoir-faire nécessaire...»

«A-t-il acquis le courage d'entreprendre pareille tâche, Matt? interrompit Cappy. C'est plus important que cette satanée expérience dont vous bavardez tant, vous et Skinner.»

«Je ne sais rien de son courage. Je présume qu'il possède force de caractère et initiative. Je le sais d'une personnalité agréable.»

«Eh bien, avant de l'envoyer, nous devons savoir si, oui ou non, il possède la force de caractère et l'initiative nécessaires.»

«Alors, fit Matt Peasley en se levant, je ne veux pas de la tâche de trouver un successeur à Henderson. Vous vous en êtes mêlé, aussi je suggère que vous choisissiez vous-même l'heureux élu.»

«Oui, en effet, acquiesça Skinner. Je suis certain qu'il est bien au-dessus de mes capacités de découvrir chez Andrews force de caractère et initiative en si peu de temps. Il possède effectivement assez de force de caractère et d'initiative pour son travail actuel, mais...»

«Mais pourra-t-il compter sur sa force de caractère et son sens de l'initiative lorsqu'il aura à prendre des décisions rapidement, à six mille milles de toute aide experte, et réussir ou périr par cette décision? C'est cela qu'il faut savoir, Skinner.»

«Je propose, monsieur, répondit Skinner avec une froide politesse, que vous procédiez à cet examen.»

«J'accepte la responsabilité, Skinner. Par le saint Prophète à l'orteil rose! Le prochain homme que nous enverrons diriger notre bureau de Chang-hai sera un fonceur. Trois directeurs nous ont fait défaut; c'était trois de trop.»

Et sans plus de façons, Cappy balança ses vieilles jambes sur son bureau, se laissa glisser sur sa chaise pivotante et s'appuya sur sa colonne vertébrale. Sa tête tomba sur sa poitrine et il ferma les yeux.

«Il planifie l'examen d'Andrews», murmura Matt Peasley, au moment où Skinner et lui-même se retiraient.

II

Cappy, président honoraire de ses propres intérêts, n'allait cependant pas médité longtemps. Dix minutes ne s'étaient pas écoulées que son téléphone personnel sonna.

« Qu'est-ce que c'est ? », cria Cappy dans l'appareil.

«Il y a ici un jeune homme. Il s'appelle William E. Peck et il désire vous rencontrer personnellement.»

Cappy soupira. «Très bien, répondit-il. Amenez-le-moi.»

Presque aussitôt, le commis de bureau fit entrer monsieur Peck. Dès qu'il se fut suffisamment avancé, le visiteur s'arrêta, se mit d'un geste souple et naturel au garde-à-vous et s'inclina respectueusement, tandis qu'un regard froid de ses yeux bleus et perçants retenait l'attention de l'autocrate de la Blue Star Navigation Company.

«Monsieur Ricks, mon nom est Peck, monsieur, William E. Peck. Merci, monsieur, d'accéder à ma demande d'entrevue.»

«Hum! Hum-m-m!» Cappy semblait belliqueux. «Asseyez-vous, monsieur Peck.»

Monsieur Peck s'assit, mais alors qu'il s'approchait pour prendre place à côté du bureau de Cappy, le vieux gentleman remarqua que son visiteur boitait légèrement et que son avant-bras gauche avait été amputé de moitié. Le bouton de la Légion américaine qu'arborait monsieur Peck sur le revers de sa veste révéla son histoire à l'oeil observateur de Cappy.

«Eh bien, monsieur Peck, demanda-t-il gentiment, que puis-je faire pour vous?»

«Je suis venu pour mon poste», répondit brièvement l'ancien combattant.

«Par le saint Prophète à l'orteil rose! lança Cappy. Vous dites cela comme si vous ne vous attendiez pas à essuyer un refus.»

«Tout à fait juste, monsieur. Je n'anticipe pas un refus.»

«Pourquoi?»

La physionomie engageante mais quelque peu banale de monsieur William E. Peck changea et offrit le sourire le plus irrésistible que Cappy Ricks eut jamais vu. «Je suis un vendeur, monsieur Ricks, répondit-il. Je considère cette déclaration exacte parce que j'ai démontré, au cours d'une période de cinq ans, que je peux vendre ma part de tout ce qui est vendable. J'ai toujours trouvé, cependant, qu'avant de procéder à la vente de marchandises, je devais d'abord vendre quelque chose au fabricant: moi-même! Je suis sur le point de vous vendre mes services.»

«Jeune homme, dit Cappy dans un sourire, vous m'avez convaincu. Je suis déjà preneur. Quand vous a-t-on vendu un enrôlement dans les forces des États-Unis d'Amérique?»

«Le 7 avril 1917 au matin, monsieur.»

«Cela achève de me convaincre tout à fait. J'ai moi-même combattu avec les Chevaliers de Colomb au Camp Kearny, mais lorsqu'on refusa de me laisser partir outre-mer avec ma division, j'en ai eu le coeur brisé et j'ai levé le camp.»

Ces quelques mots dans le langage du soldat de ligne semblèrent réchauffer considérablement le coeur de monsieur Peck, établissant sur-le-champ une belle camaraderie entre eux.

«Je travaillais pour le compte de la Portland Lumber Company à titre de vendeur de bois dans le Midwest, avant la guerre, expliqua-t-il. L'oncle Sam m'a délivré mon certificat de semi-invalidité à l'hôpital général Letterman la semaine dernière et une indemnité prélevée sur l'assurance de dix mille dollars du gouvernement. Mon bras ne me gêne pas trop, mais ma jambe fracturée a mis du temps à guérir et même à présent, elle est plus courte que l'autre. J'ai aussi attrapé une pneumonie doublée d'une grippe, puis on découvrit par la suite des symptômes de tuberculose. J'ai passé une année à l'hôpital pour tuberculeux de Fort Bayard au Nouveau-Mexique. Cependant, on m'a certifié que ce qu'il reste de moi est sain et je me sens bien.»

«Pas de cafard ou de découragement du tout?» hazarda Cappy.

«Oh, je m'en suis sorti aisément, monsieur Ricks. J'ai encore ma tête et mon bras droit. Je peux penser et je peux écrire et même si j'ai un pneu de crever, je peux me traîner plus longuement et plus rapidement que d'autres quand il s'agit de réussir une vente. Vous avez un emploi pour moi, monsieur Ricks?

«Non, je n'en ai pas, monsieur Peck. Je ne suis plus dans le coup, vous savez. Je me suis retiré, il y a dix ans. Ce bureau ne m'est plus qu'un siège social de frivolités, un endroit où prendre mon courrier et éviter le bavardage de la rue. Monsieur Skinner est la personne que vous devriez voir.»

«J'ai rencontré monsieur Skinner, monsieur, répliqua l'ex-guerrier, mais il ne m'a pas été très sympathique. Je pense qu'il en a conclu tout de suite que j'essayais de lui refiler ma manche vide. Il m'a dit que les affaires ne lui permettaient pas présentement de tenir tout son personnel de vendeurs occupé, alors je lui ai dit que j'accepterais n'importe quelle tâche de dactylo ou autre. Je suis le champion dactylo à une main de l'armée des États-Unis. Je peux contrôler les stocks de bois et facturer. Je peux tenir les livres et prendre les appels.»

«Pas d'encouragement, hein?»

«Non, monsieur.»

«Bien, maintenant, jeune homme, dit Cappy, informant son visiteur joyeux sur le ton de la confidence, suivez mon conseil et voyez mon gendre, le capitaine Peasley. Il a la main haute sur tout ce qui touche l'expédition dans notre entreprise.»

«J'ai rencontré le capitaine Peasley également. Il a été très gentil. Il a dit qu'il se devait de me donner du travail mais que les affaires allaient si mal qu'il lui était impossible de me trouver une place. Il m'a avoué garder dans son service une douzaine d'ex-soldats simplement parce qu'il n'avait pas le courage de s'en départir. Je le crois.»

«Eh bien, mon cher, mon cher jeune ami! Pourquoi venir me voir, alors?»

«Parce que, répondit monsieur Peck dans un sourire, je veux que vous renversiez leur décision et me donniez un poste. Peu importe le travail pourvu que je puisse le faire. Si je peux le faire, je le ferai mieux qu'il n'a jamais été fait, et si je ne peux faire cela, je démissionnerai pour vous épargner l'embarras de me congédier. Je ne demande pas la charité, mais je ne suis plus tout à fait ce que j'ai été et j'ai un retard de quatre ans à rattraper. J'ai la meilleure référence...»

«Je vois», interrompit Cappy complaisamment; il appuya sur un bouton sur son bureau. Monsieur Skinner entra, jeta un oeil désapprobateur en direction de William E. Peck, puis posa un regard inquisiteur sur Cappy Ricks.

«Skinner, mon cher, roucoula Cappy aimablement, j'ai songé à la proposition d'envoyer Andrews prendre charge de notre bureau de Chang-hai et j'en suis venu à la conclusion suivante: à l'heure actuelle, ce bureau est administré par une sténographe et nous devons sans plus de délai placer un directeur en poste. Alors, voici ce que nous allons faire. Nous envoyons Andrews par le prochain bateau mais lui laissons savoir qu'il s'agit d'une mesure temporaire. Alors, s'il ne fait pas l'affaire, nous pouvons le ramener ici où ses services sont très appréciés. Entre-temps, hum! hum-m-m! Hum! entre-temps, vous m'obligeriez grandement, Skinner, mon cher, si vous consentiez à prendre ce jeune homme avec vous et si vous le mettiez sérieusement à l'essai, histoire de savoir de quel bois il se chauffe. À titre de faveur personnelle, Skinner, mon cher, à titre de faveur personnelle.»

Monsieur Skinner, pour employer un terme sportif, se trouvait au plancher et il le savait. Le jeune monsieur Peck s'en rendait compte également et sourit gracieusement au directeur général. Rompu aux manières de l'armée, une des premières leçons qu'il avait apprises était la suivante: une demande de son général équivaut toujours à un ordre.

«Très bien, monsieur, répondit monsieur Skinner froidement. Avez-vous fait des arrangements quant à la rémunération à donner à monsieur Peck?»

Cappy agita une main désapprobatrice. «Ce détail repose entièrement entre vos mains, Skinner. Il ne me viendrait pas à l'idée d'intervenir dans les affaires internes de votre division. Naturellement, vous accorderez à monsieur Peck le salaire qu'il mérite et pas un cent de plus.» Il se tourna vers l'heureux monsieur Peck. «Maintenant, écoutez-moi bien, jeune homme. Si vous pensez que ce qu'on vous offre, c'est du gâteau, enlevez-vous cela de la tête. On vous lance tout de suite dans la partie, mon garçon, et vous devrez frapper la balle d'aplomb, dès le début et souvent. La première fois que vous manquerez votre coup, on vous servira un avertissement. La seconde fois, vous serez mis à pied pour un mois, le temps d'y songer, et la troisième, vous serez congédié pour de bon. Est-ce assez clair?»

«Ça l'est, monsieur, déclara monsieur Peck, radieux. Tout ce que je demande, c'est la chance de me faire valoir; et je me fraierai un chemin jusqu'au coeur de monsieur Skinner. Merci, monsieur Skinner, d'avoir consenti à me prendre à votre service. J'apprécie votre geste à sa juste valeur, et je ferai tout en mon possible pour gagner votre confiance.»

«Petit coquin! Infernal petit coquin!, murmura Cappy pour lui-même. Il a le sens de l'humour, Dieu merci! Ah! pauvre vieil étroit d'esprit de Skinner! Si jamais il passait une idée nouvelle ou non conventionnelle dans son cerveau incapable d'imagination, elle le tuerait du jour au lendemain. Il frémit de colère présentement parce qu'il ne trouve rien à dire pour se défendre; cependant, s'il ne réussit pas à rendre l'enfer semblable à un congé d'été pour monsieur Peck, il va falloir qu'on ait pitié de moi. Seigneur, que la vie serait terne si je ne pouvais intervenir et créer quelque remous de temps à autre.»

Le jeune monsieur Peck s'était levé et se tenait au garde-à-vous. «Quand dois-je me rapporter au travail, monsieur?» demande-t-il à monsieur Skinner.

«Quand vous serez prêt», répliqua Skinner dans un sourire glacial. Monsieur Peck consulta une modeste montre-bracelet. «Il est midi, pensa-t-il tout haut. Je me sauve, j'avale une bouchée et je me présente devant vous à une heure précise. Aussi bien gagner une demi-journée de salaire.» Il porta son regard sur Cappy Ricks et récita:

«Considérez comme perdu ce jour où le soleil se couche sans que vous n'ayez été rétribué justement pour le travail accompli.»

Incapable de maintenir son sang-froid devant un pareil manque de sérieux, monsieur Skinner se retira, toujours enveloppé dans sa dignité de glace. Lorsque la porte se referma derrière lui, monsieur Peck fronça les sourcils, montrant ainsi son appréhension.

«Ça commence mal pour moi, monsieur Ricks», opina-t-il.

«Vous n'avez demandé qu'un départ, rétorqua Cappy. Je ne vous ai pas promis un *bon* départ et je ne l'ai pas fait parce que j'en suis bien incapable. Je ne peux manoeuvrer Skinner et Matt Peasley que jusqu'à un certain point; pas plus. Arrive toujours un moment où je dois m'arrêter, euh, ah... William.»

«Bill Peck pour les familiers, monsieur.»

«Très bien, Bill.» Cappy s'enfonça dans son siège et dévisagea Bill Peck d'un regard menaçant qu'il décocha par-dessus ses lunettes. «Je vous ai à l'oeil, jeune homme, dit-il d'une voix perçante. Je reconnais volontiers notre dette envers vous, mais le jour où vous vous mettrez dans la tête que ce bureau est une maison pour les anciens soldats...» Il fit une pause, songeur. «Je me demande combien Skinner *consentira* à vous payer, murmura-t-il d'un ton rêveur. Ah! bien, poursuivit-il, *quelle que soit votre* rémunération, acceptez-la sans rien dire et au moment propice (et pourvu que vous le méritiez), j'interviendrai auprès de cette damnée vieille relique pour que vous ayez une augmentation.»

«Merci beaucoup, monsieur. Vous êtes très aimable. Bonne journée, monsieur.»

Puis Bill Peck prit son chapeau et sortit en boitant du «temple»... À peine la porte s'était-elle refermée derrière lui que monsieur Skinner revint dans le repaire de Cappy Ricks. Il ouvrit la bouche pour parler mais Cappy lui imposa le silence d'un doigt impérieux.

«Pas un mot, Skinner, mon garçon, gazouilla-t-il aimablement. Je sais exactement ce que vous allez dire et j'admets que vous avez raison de le dire, mais... hum...! hum...! Maintenant, Skinner, soyez raisonnable. Comment diable avez-vous eu le cran de rejeter cet ancien combattant estropié? Il se tenait là sur sa seule bonne jambe, une manche enfoncée dans la poche de son manteau, alors que son visage simple arborait le sourire d'un homme intact, invincible. Et vous, que le diable emporte votre âme froide et insensible, et vous Skinner, vous l'avez regardé dans les yeux et l'avez rejeté comme un ivrogne méprise une bière faible en alcool. Comment *avez-vous pu* faire cela, Skinner?»

Aucunement intimidé par le doigt menaçant de Cappy, monsieur Skinner adopta une attitude de défi.

«Les sentiments ne valent rien en affaires, s'emporta-t-il. Il y a dix jours, les bureaux régionaux de la Légion américaine ont entrepris une campagne de placement pour les anciens combattants estropiés ou sans travail. En l'espace de trois jours, vous avez trouvé du travail pour deux cent neuf de ces hommes au sein des diverses sociétés que vous contrôlez. Le groupe que vous avez expédié au moulin de Washington a déjà fait une demande de charte pour constituer un nouveau chantier qui sera connu sous le nom de Chantier Cappy Ricks no 534. Et vous avez congédié des gens d'expérience pour faire place à ces anciens soldats.»

«Et comment! cria Cappy, triomphal. C'est la fête des retrouvailles toutes les semaines dans tous les camps de bûcherons et les moulins à scie du Nord-Ouest influencés par le syndicat international des travailleurs industriels du monde et les révolutionnaires communistes. J'en ai plein le dos de leurs grèves illégales et de leur sabotage. Par le saint Prophète à l'orteil rose, le Chantier Cappy Ricks no 534, constitué de membres de la Légion américaine, est la seule arme dont je dispose pour harceler les syndiqués.»

«Il pourrait advenir que tous les bureaux, tous les navires et cours à bois soient dirigés par un sergent-chef, se plaignit Skinner. Je songe à faire sonner le réveil et la retraite, je songe à l'appel au clairon et aux inspections du samedi matin. Je vous le dis, monsieur, les entreprises Ricks ont absorbé tous les vieux soldats possible et présentement, ils sont partis pour la gloire. C'est de travailleurs dont nous avons besoin, pas de beaux parleurs. Ces anciens combattants passent trop de temps à revivre leurs combats.»

«Bien, le camarade Peck est le dernier que je vous demande d'absorber, Skinner, promit Cappy, contrit. Avez-vous déjà lu *Barrack Room Ballads* de Kipling, Skinner?»

«Je n'ai pas le temps de lire», protesta Skinner.

«Allez tout de suite en ville vous en acheter un exemplaire et lisez la ballade intitulée *Tommy*, dit Cappy d'un ton sec. Pour le bien de votre âme immortelle», ajouta-t-il.

«Eh bien, le camarade Peck ne me dit rien qui vaille, monsieur Ricks. Il m'a demandé un emploi et je lui ai donné ma réponse. Puis, il est allé voir le capitaine Matt et a essuyé un refus; alors, pour montrer son manque de goût, sans nous consulter, il vous a convaincu de lui dénicher un poste. Il va regretter le jour qui lui a inspiré ce geste.»

«Skinner! Skinner! Regardez-moi dans les yeux! Savez-vous pourquoi je vous ai demandé d'engager Bill Peck?»

«Je le sais. Parce que vous êtes trop tendre de coeur pour votre propre bien.»

«Espèce d'idiot sans imagination! Espèce de corbeau récalcitrant! Comment pouvais-je rejeter un garçon qu'on ne pouvait tout simplement pas laisser de côté? Pourquoi? Je parie une pêche mûre que Bill Peck a été l'un des meilleurs soldats que vous ayez jamais rencontrés, sacrebleu! Il poursuit un but. Il vous a jugé d'un coup d'oeil, Skinner. Il a choisi de ne pas vous laisser le bloquer. Skinner, ce Peck a été confronté à des experts. Oui, monsieur, des experts! Quel poste allez-vous lui confier, Skinner, mon garçon?»

«Celui d'Andrews, évidemment.»

«Ah oui, j'oubliais. Skinner, mon garçon, ne nous reste-t-il pas à peu près un demi-million de pieds d'épinette puante à refiler à quelqu'un?» Monsieur Skinner fit signe que oui et Cappy continua avec toute la hâte naïve de quelqu'un qui vient de faire une merveilleuse découverte dont il est certain qu'elle révolutionnera la science: «Donnez-lui ce matériau puant à colporter, Skinner, et si vous pouvez dénicher deux douzaines de wagons de sapin de Douglas ou de pin en transit, ou des stocks courts ou d'anciennes grandeurs, ou du mélèze à plafond ou à plancher, du sapin du Canada en stocks disparates, en fait, tout ce qu'on ne voudrait pas même gratuitement, vous saisissez, Skinner?»

Monsieur Skinner y alla d'un sourire tranchant. «Et s'il ne réussit pas, *au revoir,* hein?»

«Oui, je suppose, bien que je n'ose y penser. D'un autre côté, s'il réussit, il doit obtenir le salaire d'Andrews. Nous devons être justes, Skinner. Quels que soient nos torts, nous devrons toujours être équitables.» Il se leva et tapa gentiment l'épaule décharnée du directeur général. «Allons, allons, Skinner, mon garçon. Pardonnez-moi si j'ai été un tantinet, euh, hum! empressé et,. hum! hum! Skinner, si vous marquez cette épinette puante à un prix prohibitif, je vous flanque à la porte, par le saint Prophète à l'orteil rose! Soyez juste, garçon, soyez juste. Pas de coups bas, Skinner. Souvenez-vous que le camarade Peck a enterré la moitié de son avant-bras gauche en France.»

III

À 12 h 30, au moment où Cappy remontait hâtivement la rue California pour aller déjeuner au Commercial Club, il rencontra Bill Peck qui allait boitant sur le trottoir. L'ancien soldat l'arrêta et lui remit une carte.

«Qu'en pensez-vous, monsieur? demanda-t-il. N'est-ce pas là une carte d'affaires engageante?»

Cappy lut:

RICKS LUMBER & LOGGING COMPANY
Le bois et ses produits
248, rue California
San Francisco

Représentant:
William E. Peck
Si vous avez les clous, nous avons le bois!

Cappy Ricks passa son pouce sur l'imprimé de la carte d'affaires du camarade Peck. Elle était gravée.

Si l'on songe que les plaques de cuivre et les matrices d'acier ne se préparaient pas en une demiheure...

«Par les douze apôtres en guenilles!» Il s'agissait là du plus terrible juron de Cappy dont il n'usait que lorsque bouleversé au plus profond de lui-même. «Bill, franchement, dites, entre larrons, on peut tout se dire, à quel moment vous êtes-vous décidé à venir travailler pour nous?»

«Il y a une semaine», répondit le camarade Peck, affable.

«Et quel était votre grade quand le kaiser Bill déserta?»

«J'étais simple soldat.»

«Je ne vous crois pas. Ne vous a-t-on jamais offert un grade?»

«Souvent. Cependant, si j'avais accepté, il m'aurait fallu quitter le plus beau poste que j'aie jamais eu. Ça ne payait pas beaucoup, mais c'était excitant et riche d'expériences intéressantes. Je me déguisais en arbre de Noël ou me dissimulais dans un fourgon et démasquais les francs-tireurs allemands. On m'appelait «Peck le mauvais garnement». J'ai souvent été tenté d'abandonner mais lorsque je pensais au nombreuses vies américaines que je sauvais quotidiennement, les grades n'étaient jamais plus qu'un bout de papier pour moi.»

«Si on vous avait affecté à toute autre discipline militaire, vous auriez ravalé John J. Pershing au rang de soldat de première classe. Écoutez, Bill, avez-vous déjà vendu de l'épinette puante?»

Le camarade Peck fut intrigué. Il secoua la tête. «De quel bois s'agit-il?» demanda-t-il.

«De l'épinette du comté de Humboldt en Californie. C'est du bois à gros fil, fibreux, humide et lourd, et qui, après usage, pue comme une moufette. Skinner va vous demander de commencer au bas de l'échelle, j'en ai peur. Et cela veut dire vendre de l'épinette puante.»

«Pouvez-vous y planter des clous, monsieur Ricks?»

«Ah oui.»

«Arrive-t-il que des gens achètent de l'épinette puante, monsieur?»

«Oh! À l'occasion, un de nos brillants jeunes hommes déniche un arriéré capable d'essayer n'importe quoi une fois. Autrement, évidemment, on cesserait d'en fabriquer. Heureusement, Bill, nous en avons très peu; cependant, lorsqu'un de nos contremaîtres de chantier rencontre un de ces arbres sains, il n'a pas le coeur de le laisser debout et, en conséquence, nous avons toujours assez d'épinette puante en stock pour garder nos vendeurs humbles.»

«Je peux vendre n'importe quoi... au bon prix», reprit le camarade Peck d'un air dégagé. Puis il reprit le chemin du bureau.

IV

Cappy Ricks n'entendit pas parler de Bill Peck pendant deux mois. L'entreprenant ancien combattant avait été envoyé en Utah, en Arizona, au Nouveau-Mexique et au Texas aussitôt qu'il se fut familiarisé avec les nombreux détails touchant les tarifs de fret, les poids et les moulins qu'il représentait, enfin tous ces renseignements pertinents que doit apprendre un vendeur avant de prendre la route. De Salt Lake City, il télégraphia une commande pour deux wagons de mélèze rustique et à Ogden, il réussit à obtenir la clientèle d'une cour à bois que monsieur Skinner avait vainement tenté d'obtenir pendant des années, et une commande pour un wagon de panneaux d'épinette puante de longueurs et de qualités variées et cela, un dollar plus cher que le prix que lui avait donné Skinner. En Arizona, il trouva de nouveaux débouchés pour le bois de mine, mais ce n'est que lorsqu'il fut rendu au coeur du Texas que le camarade Peck commença à montrer véritablement son talent de vendeur. Il s'y spécialisa dans le bois servant à la construction des derricks et il en expédia des commandes si rapidement que monsieur Skinner se vit obligé de lui envoyer un télégramme implorant grâce et portant instructions d'employer son talent à disposer plutôt de bardeaux et de revêtement de cèdre, de sapin de Douglas et de séquoia. Plus tard, il devait compléter son périple et rentrer par Los Angeles, faisant une halte, cependant, dans la vallée San Joaquin, le temps d'y vendre encore deux wagons d'épinette puante. Lorsqu'il reçut cette dernière commande télégraphiée, monsieur Skinner vint voir Cappy Ricks, télégramme en main.

«Eh bien, je dois admettre que le camarade Peck est capable de vendre du bois, annonça-t-il à contrecoeur. Il est allé cherché cinq nouveaux clients et voici une commande pour deux autres wagons d'épinette puante. Il faudra que j'augmente son salaire pour le premier de l'an.»

«Mon cher Skinner, pourquoi diable attendre le premier de l'an? Votre habitude pernicieuse de déférer l'inévitable quand il s'agit d'argent nous a coûté la perte de plus d'un bon employé. Vous savez qu'il vous faudra augmenter le salaire du camarade Peck tôt ou tard, alors pourquoi ne pas le faire tout de suite et sourire, comme si vous faisiez une réclame de dentifrice? Résultat, le camarade Peck s'en sentira infiniment mieux et, qui sait, il en conclura peut-être que vous êtes un être humain malgré tout et apprendra à vous aimer.»

«Très bien, monsieur. Je lui donnerai le salaire auquel avait droit Andrews avant que Peck ne se charge de son territoire.»

«Skinner, vous faites l'impossible pour que je ne puisse me retenir de vous montrer qui est le patron, ici. Il est meilleur qu'Andrews, n'est-ce pas?»

«Je pense qu'il l'est, monsieur.»

«Bien, alors, pour être honnête, accordez-lui davantage et donnez-le-lui à partir du premier jour où il a commencé à travailler. Et sortez! Vous me tapez sur les nerfs. À propos, comment Andrews s'arrange-t-il à Chang-hai?»

«Il permet à la compagnie du télégraphe de payer ses impôts. Il demande à peu près trois fois par semaine des directives pour des problèmes qu'il devrait régler par lui-même. Matt Peasley est dégoûté à son sujet.»

«Ah! Eh bien moi, je ne suis pas désappointé. Et je suppose que Matt va venir avant peu me rappeler que c'est moi le brillant garçon qui a choisi Andrews pour occuper le poste. Bien oui, c'est moi, mais je vous prie de vous souvenir, Skinner, lorsqu'on m'assaillera, que sa nomination est temporaire.»

«En effet, monsieur, elle l'est.»

«Bien, je suppose que j'aurai à lui choisir un successeur et combattre le triomphe facile de Matt me disant: 'Je vous ai prévenu.' Je pense que le camarade Peck possède ce qu'il faut pour devenir un bon directeur à notre bureau de Chang-hai, mais il me faudra lui faire subir encore une autre épreuve.» Il jeta un regard comique à monsieur Skinner. «Skinner, mon garçon, continua-t-il, je vais lui demander de livrer un vase bleu.»

Les traits glaciaux de monsieur Skinner se détendirent, rayonnèrent véritablement. «Eh bien, tuyautez le chef de police et le propriétaire du magasin, cette fois, et épargnez de l'argent», conseilla-t-il à Cappy. Il s'approcha de la fenêtre et regarda du côté de la rue California. Il continuait à sourire.

«Oui, continua Cappy, rêveur, je pense que je vais lui donner le test du trente-troisième degré. Vous conviendrez avec moi, Skinner, que s'il livre le vase bleu, il vaudra les dix mille dollars attachés au poste de directeur de notre succursale orientale, n'est-ce pas?»

«Je dirais que oui», répondit monsieur Skinner.

«Très bien, alors. Faites le nécessaire, Skinner, pour qu'il soit à ma disposition à une heure, dimanche en huit. Je m'occupe des autres détails.»

Monsieur Skinner fit signe que oui. Il riait encore dans sa barbe quand il sortit pour se rendre à son propre bureau.

V

Le samedi suivant, monsieur Skinner ne vint pas au bureau, mais un message téléphonique de chez lui informa le commis en chef que monsieur Skinner était à la maison et quelque peu indisposé. Le commis en chef devait aviser monsieur Peck que lui, Skinner, avait pensé avoir un entretien avec ce dernier ce jour-là, mais que son indisposition l'en empêchait. Monsieur Skinner espérait se sentir beaucoup mieux le lendemain et puisqu'il tenait beaucoup à cet entretien avec monsieur Peck avant que ce dernier ne parte pour un autre pèlerinage de vente, le lundi suivant, est-ce que monsieur Peck ne serait pas assez bon de se rendre à la résidence de monsieur Skinner à une heure le dimanche après-midi? Monsieur Peck lui fit savoir qu'il serait là à l'heure indiquée et se vit gratifié des remerciements de monsieur Skinner exprimés par la bouche du commis en chef.

À l'heure exacte, Bill Peck se présenta le lendemain à la demeure du directeur général. Il trouva monsieur Skinner au lit, lisant son journal, et étonnamment bien portant. Il émit l'espoir que monsieur Skinner allât mieux qu'il n'en avait l'air. Monsieur Skinner dit que oui et orienta aussitôt la conversation sur les nouveaux clients, les clients éventuels dont il voulait que monsieur Peck s'occupât, les nouveaux débouchés à explorer et il l'entretint d'autres détails interminables. C'est durant cet entretien que Cappy Ricks choisit de téléphoner.

Un téléphone sonna sur la table de chevet de monsieur Skinner de sorte que ce dernier put répondre immédiatement. Le camarade Peck observa Skinner qui écouta attentivement pendant deux minutes entières, au bout desquelles il l'entendit dire:

«Je suis terriblement désolé, monsieur Ricks. Je ne demanderais pas mieux que d'effectuer cette course pour vous, mais vraiment j'ai la fièvre. En fait, au moment où je vous parle, je suis au lit. Cependant, monsieur Peck est ici et je suis certain qu'il sera très heureux de s'occuper de cela pour vous.»

«Mais certainement, se hâta de dire monsieur Peck pour rassurer le directeur général. Qui monsieur Ricks veut-il voir disparaître et où veut-il qu'on lui livre le corps?»

«Ha! Ha! Ha! Ha!» Monsieur Skinner partit d'un rire particulièrement bruyant et forcé, se permettant bien à contrecoeur une telle liberté.

Il annonça à Cappy: «Monsieur Peck dit qu'il serait ravi de s'occuper de cette affaire pour vous. Il veut savoir qui vous voulez qu'on liquide pour vous et où vous souhaitez que l'on livre le corps. Ha! Ha! Ha! Peck, monsieur Ricks veut vous parler.»

Bill Peck s'empara du combiné. «Bon après-midi, monsieur Ricks.»

«Bonjour, vieux soldat. Que faites-vous cet après-midi?»

«Rien, après mon entretien avec monsieur Skinner. À propos, il vient tout juste de m'octroyer une merveilleuse augmentation de salaire pour laquelle je suis infiniment reconnaissant. Je crois savoir, cependant, malgré toute la bonne grâce de monsieur Skinner, que vous y êtes pour quelque chose et je veux vous en remercier...»

«Chut! Pas un mot, monsieur. Pas un mot. Vous n'obtenez rien de Skinner ou de moi que vous n'ayez mérité. Cependant, considérant que vous semblez tout à fait bien disposé à mon égard, cet après-midi, j'aimerais que vous fassiez une petite course pour moi. Je ne peux demander cela à un garçon et pourtant, j'hésite à faire de vous un messager... euh... ah... hum! C'est-à-dire, hum...»

«Je n'ai pas de vanité, monsieur Ricks.»

«Merci, Bill. Je suis content de voir que vous le prenez de cette façon. Bill, ce matin, au sortir de l'église, je rôdais en ville et dans la vitrine d'un magasin, rue Sutter, entre les rues Stockton et Powell, sur la droite quand vous faites face à la rue Market, j'ai aperçu un vase bleu. J'ai un faible pour les vases, Bill. Et je m'y connais, aussi. Ce vase que j'ai vu n'est pas très cher, comme le sont habituellement les vases (en fait, je ne l'achèterais pas pour ma collection), mais il se trouve qu'une dame des plus charmantes et exquises de ma connaissance possède un vase tout à fait semblable au vase bleu que j'ai vu dans la vitrine, et je sais qu'elle serait aussi fière qu'on peut l'être si elle possédait les deux (un de chaque côté de la porte d'entrée de son salon).

«Cependant, je quitte la gare du Southern Pacific à vingt heures ce soir en direction de Santa Barbara où nous allons fêter son anniversaire de mariage, demain soir. J'oublie de quel anniversaire il s'agit, Bill, mais je me suis laissé dire par ma fille que je ferais une erreur si je lui faisais parvenir autre chose qu'une porcelaine de Chine ou cloisonnée; et ce curieux petit vase bleu ferait exactement l'affaire. Comprenez-vous?»

«Oui, monsieur. Vous pensez qu'il vous serait extrêmement agréable de pouvoir apporter ce petit vase bleu à Santa Barbara, avec vous, ce soir. Il vous le faut ce soir parce que, si vous attendez que le magasin ouvre lundi, le vase ne parviendra à votre hôtesse que vingt-quatre heures après la fête anniversaire.»

«Exactement, Bill. Il faut tout simplement que j'aie ce vase. Si je l'avais découvert hier, je ne vous demanderais pas d'aller me le chercher aujourd'hui, Bill.»

«Je vous en prie, pas d'explications ou d'excuses, monsieur Ricks. Vous avez décrit le vase... non, vous ne l'avez pas fait. De quel bleu s'agit-il, de quelle taille est-il, et quel en est le diamètre dans sa partie la plus large? Repose-t-il sur une base, ou non? Est-il d'un bleu uni ou décoré?»

«Il s'agit d'un vase cloisonné, Bill, d'une sorte de bleu vieil hollandais, ou de Delft, avec un curieux dessin genre oriental. Je ne saurais le décrire avec précision, mais il y a bien quelques oiseaux et fleurs là-dedans. Il fait environ 300 millimètres de haut et 100 millimètres de diamètre et repose sur une base en bois de teck.»

«Fort bien, monsieur. Vous l'aurez.»

«Vous me le livrerez à dix-neuf heures cinquante-cinq ce soir à bord du train, compartiment A, wagon no 7, à l'angle de la Troisième rue et de la rue Townsend.»

«Oui, monsieur.»

«Merci, Bill. Le coût en est minime. Faites-vous rembourser par le caissier demain matin et dites-lui de l'inscrire à mon compte.» Puis Cappy raccrocha.

Aussitôt, monsieur Skinner reprit le fil de son entretien et Bill Peck ne put partir avant quinze heures pour se rendre au centre-ville à la recherche du vase bleu de Capy Ricks.

Il se rendit au pâté de maisons rue Sutter, entre les rues Stockton et Powell, et bien qu'il parcourut patiemment toute la rue d'un côté puis de l'autre, il ne trouva pas le moindre vase de quelque dimension, de quelque description que ce soit, dans aucune vitrine, pas plus qu'il ne put localiser une seule boutique susceptible d'avoir à l'étalage un vase répondant à la description de Cappy.

«Je pense que le vieux s'est trompé dans ses coordonnées, conclut Bill Peck, ou bien j'ai mal compris ses explications. Je vais téléphoner chez lui et lui demander de les répéter.»

Il le fit mais il n'y avait personne à part une bonne suédoise et tout ce qu'elle savait était que monsieur Ricks était sorti et qu'elle ignorait à quelle heure il rentrerait. Alors, monsieur Peck retourna rue Sutter et fit encore le tour de toutes les vitrines. Puis il fit de même deux pâtés de maisons plus haut que la rue Powell et deux pâtés plus bas que Stockton. Toujours pas de vase bleu.

Puis, ii transporta son épicentre de recherche à une aire correspondante rue Bush, et puisque cela ne donna aucun résultat, il s'éloigna douloureusement de quatre rues de la rue Post. Ne l'ayant toujours pas déniché, il s'éloigna encore d'une rue en direction de l'Ouest et d'une rue vers le Sud et découvrit, enfin, le vase bleu dans l'énorme vitrine de plexi-glass d'une boutique sise rue Geary, près de Grant Avenue. Il l'examina d'un oeil critique et en conclut que c'était là l'objet qu'il recherchait.

Il sonda la porte; elle était fermée à clé, ainsi qu'il l'avait prévu. Alors, il frappa la porte à coups de pieds, faisant un boucan infernal, espérant contre tout espoir que son tapage inciterait le gardien à venir de l'arrière du bâtiment. En vain. Il recula jusqu'au bord du trottoir et lut l'enseigne au-dessus de la porte:

B. Cohen's Art Shop

C'était un début. Monsieur Peck se rendit alors en boitant à l'hôtel Palace et demanda un annuaire téléphonique. Faisant le décompte, il trouva dix-neuf B. Cohen disséminés à travers la ville, et plutôt que de commencer à téléphoner à tous ces gens, Bill Peck emprunta l'annuaire de la ville du commis de l'hôtel et le parcourut, cherchant le B. Cohen propriétaire de la boutique d'art. Sa recherche ne donna rien. B. Cohen y était inscrit à titre de marchand d'objets d'art à l'adresse où reposait le vase bleu dans la vitrine. Mais c'était tout.

«Ce doit être un banlieusard», en conclut monsieur Peck qui s'employa aussitôt à se procurer les annuaires des cités voisines de Berkeley, Oakland et Alameda. Ils étaient introuvables, et en désespoir de cause, il demanda la monnaie d'un dollar en pièces de cinq cents, chercha une cabine téléphonique et appela tous les B. Cohen de San Francisco. Des dix-neuf appelés, quatre ne répondirent pas, trois étaient temporairement débranchés, six lui parlèrent en Yiddish, cinq ne se révélèrent pas être le B. Cohen qu'il cherchait et un autre jura qu'il était Irlandais et que son nom s'épelait Cohan et se prononçait avec un accent sur les deux syllabes.

Il téléphona ensuite aux B. Cohen résidant à Berkeley, Oakland, Alameda, San Rafael, Sausalito, Mill Valley, San Mateo, Redwood City et Palo Alto, et lorsque cette tâche longue et onéreuse fut achevée, l'ancien simple soldat sortit de la cabine téléphonique, tout trempé de sueur et aussi irritable qu'une poule en train de couver. Parvenu à l'extérieur de l'hôtel, il leva un visage hagard au ciel et demanda bêtement au Tout-Puissant comment il fallait comprendre le fait qu'Il ne l'avait sauvé d'une mort rapide sur le champ d'honneur que pour le condamner à se tuer pour un B. Cohen civil.

Il était dix-huit heures à présent. Tout à coup, Peck eut une idée. Comment s'épelait donc le nom au juste? Cohen, Cohan, Cohn, Kohn ou Coen?

«S'il me faut faire le recensement des Juifs encore une fois ce soir, se dit-il désespéré, je vais en mourir», puis il retourna à la boutique d'art.

L'enseigne se lisait: B. COHN'S ART SHOP.

«J'aimerais savoir où trouver un alambic clandestin, se plaignit le pauvre Peck. Je suis pas mal à plat et un peu d'alcool de bois ne pourrait pas me faire grand tort à présent. Je ne comprends pas, j'aurais pu jurer que le nom s'épelait avec un E. Je croyais l'avoir remarqué tout particulièrement.»

Il retourna à la boîte téléphonique de l'hôtel et entreprit d'appeler tous les B. Cohn de la ville. Il en existait huit dont six étaient sortis, un dans un état d'ivresse larmoyante, l'autre sourd comme un pot et criant d'une manière inintelligible.

«La paix n'est pas moins barbare que la guerre», soupira monsieur Peck. Il changea un billet de vingt dollars contre des pièces de cinq, dix et vingt-cinq cents, retourna à la boîte téléphonique étouffante et entreprit un barrage d'appels aux B. Cohn de toutes les villes de moindre importance donnant sur la baie de San Francisco. Il eut de la chance. Au sixième appel, il localisa le B. Cohn en question à San Rafael mais le cuisinier de celui-ci l'informa que monsieur Cohn dînait en la demeure de monsieur Simons à Mill Valley.

Il y avait trois monsieur Simons à Mill Valley et Peck dut les appeler tous avant d'atteindre le bon. Oui, monsieur B. Cohn était là. Qui désirait lui parler? Monsieur Heck? Oh, monsieur Lake! Un silence. Puis: monsieur Cohn dit qu'il ne connaît pas de monsieur Lake et veut savoir quel genre de commerce vous représentez. Il est en train de dîner et il n'aime pas être dérangé à moins qu'il ne s'agisse de choses graves.

«Dites-lui que monsieur Peck désire lui parler d'un sujet d'une grande importance», se lamenta l'ex-soldat.

«Monsieur Metz? Monsieur Ben Metz?»

«Non, non, non. Peck, p-e-c-k.»

«D-e-c-k?»

«Non, P.»

«C?»

«P.»

«Ah oui, E. E... quoi?»

«C-K...»

«Je vois, monsieur Eckstein.»

«Amenez-moi Cohn au téléphone ou je prends le prochain bateau et je vais vous tuer, triple idiot, cria Peck d'impatience. Dites-lui que sa boutique brûle.»

Le message fut livré rapidement puisque presque instantanément, un monsieur B. Cohn haletant et bafouillant s'accrocha au récepteur.

«Iss dot der pompier?» réussit-il à articuler.

«Écoutez, monsieur Cohn. Votre boutique n'est pas la proie des flammes mais il a fallu que je le prétende pour pouvoir vous parler. Je suis monsieur Peck, un parfait inconnu pour vous. Vous avez un vase bleu dans la vitrine de votre boutique de la rue Geary à San Francisco. Je veux l'acheter et je veux l'acheter avant dix-neuf heures quarante-cinq ce soir. Je veux que vous traversiez la baie, ouvriez la boutique et me vendiez ce vase.»

«Belle affaire! Qui pensez-vous que je suis? Un idiot?»

«Non, monsieur Cohn, je ne le crois pas. Je suis le seul idiot de la conversation. Je suis absolument fou de ce vase et il me le faut tout de suite.»

«Safez-vous combien coûte ce fase?» La voix de monsieur Cohn se fit plus mielleuse.

«Non, et je me contrefiche de ce qu'il coûte. Je veux ce que je veux quand je le veux. Me le vendez-vous?»

«Bon, attendez foir. Quelle heure est-il?» Il y eut un silence, probablement le temps que monsieur B.

Cohn consulte sa montre. It iss maintenant un quart de dix-neuf heures, monsieur Eckstein, und der prochain drain, à partir de Mill Valley, ne passera pas afant vingt heures. Ce qui m'amènerait à San Francisco à vingt heures cinquante... und je suis en train de dîner mit des amis und j'ai à peine fini ma soupe.»

«Le diable emporte votre soupe. Je veux ce vase bleu.»

«Bon, je fous dirai, monsieur Eckstein, s'il fous le faut absolument, appelez mon premier vendeur, Herman Joost, in der Appardements Chilton, Prospect trois-deux-quatre-neuf, und dites-lui que j'ai dit qu'il doit fenir tout de suite und vous fendre ce fase bleu. Bonjour, monsieur Eckstein.»

Et B. Cohn raccrocha.

Peck appela sur-le-champ Prospect 3249 et demanda Herman Joost. C'est la mère de monsieur Joost qui reçut l'appel. Elle était désolée car Herman n'était pas à la maison mais elle daigna lui apprendre qu'il dînait au club sportif. Lequel? Elle l'ignorait. Alors Peck obtint du commis de l'hôtel une liste des clubs sportifs de la région de San Francisco et entreprit de téléphoner à chacun. À vingt heures, on l'informait encore que monsieur Juice n'était pas membre, que monsieur Lousse n'était pas là, que monsieur Cousse était mort depuis trois mois et que monsieur Bousse n'avait joué que huit trous lorsqu'un télégramme l'avait enjoint de retourner à New York. Pour les autres clubs, monsieur Joust était un inconnu.

«Foutu, murmura Bill Peck, mais il ne sera pas dit que je suis tombé sans avoir combattu. Je vais lancer une brique à travers la vitrine, m'emparer du vase et m'enfuir avec.»

Il héla un taxi et donna au chauffeur instruction de l'attendre à l'intersection des rues Geary et Stockton. Il emprunta aussi au chauffeur son marteau de mécanicien. Quand il atteignit la boutique d'art de B. Cohn, cependant, un policier se tenait debout devant la porte, violant un des règlements généraux du policeman en fumant subrepticement un cigare en devoir.

«Il va m'arrêter si je brise la vitrine», décida un Peck désespéré, qui continua son chemin, traversa la rue et revint sur ses pas. Il faisait noir à présent et au-dessus de la boutique d'art le nom de B. Cohn brillait grâce à des petites lumières électriques de couleurs rouge, blanche et bleue.

Et voici que le nom s'épelait B. Cohen maintenant!

L'ancien simple soldat William E. Peck s'assit sur une borne-fontaine et lança des jurons enragés. Sa faible jambe lui faisait mal aussi et pour quelque raison détestable, le moignon de son bras gauche lui donnait la sensation que sa main manquante lui démangeait.

«Le monde est rempli d'idiots, tempêta-t-il. Je suis fatigué et j'ai faim. J'ai sauté le déjeuner et j'ai été trop occupé pour songer au dîner.»

Il revint au taxi et retourna à l'hôtel où, l'espoir revenant, il composa Prospect 3249 encore une fois et découvrit que le Herman Joost introuvable était rentré dans le giron de sa famille. À ce monsieur, un Peck forcené livra le message de B. Cohn, auquel le prudent Herman Joost répliqua qu'il lui fallait confirmer l'authenticité du message en téléphonant à monsieur Cohn, en la demeure de monsieur Simons, à Mill Valley. Si monsieur B. Cohn ou Cohen confirmait l'histoire de monsieur Kek, lui, Herman Joost, serait au magasin quelque temps avant vingt et une heures, et si cela plaisait à monsieur Kek, celui-ci n'avait qu'à l'y attendre.

À vingt et une heures quinze, Herman Joost fit son apparition. En chemin, il avait pris la précaution d'interpeler un policier et de l'emmener avec lui. On fit de la lumière dans le magasin et monsieur Joost extirpa amoureusement le vase de la vitrine.

«Combien vaut ce damné objet?», demanda Peck.

«Deux mille dollars», répondit monsieur Joost avec une impassibilité parfaite. «Comptants», ajouta-t-il, comme s'il n'y avait songé qu'après.

Peck, épuisé, s'appuya sur le robuste gardien de la paix et soupira. C'était le comble. Il avait environ dix dollars en poche.

«Vous refusez absolument mon chèque», dit-il frémissant.

«Je ne vous connais pas, monsieur Peck», répondit Herman Joost simplement.

«Où est votre téléphone?»

Monsieur Joost indiqua l'appareil à Peck qui téléphona à monsieur Skinner.

«Monsieur Skinner, annonça-t-il, c'est tout ce qui reste de mortel de Bill Peck qui parle. J'ai réussi à faire rouvrir le magasin et pour deux mille dollars - comptants - je peux acheter le vase bleu sur lequel monsieur Ricks a jeté son dévolu.»

«Oh, Peck, mon cher, ronronna monsieur Skinner, sympathiquement, avez-vous passé tout ce temps à faire cette course?»

«Oui, monsieur. Et je vais continuer jusqu'à ce que j'aie livré la marchandise. Pour l'amour de Dieu, prêtez-moi deux mille dollars et apportez-les-moi au B. Cohen's Art Shop, rue Geary près de Grant Avenue. Je suis trop épuisé pour aller les chercher.»

«Mon cher monsieur Peck. Je n'ai pas deux mille dollars à la maison. Il s'agit d'une somme trop importante pour la garder chez soi.

«Bon, alors, venez en ville, ouvrez le coffre-fort du bureau et extirpez-en l'argent nécessaire pour moi.»

«Le coffre-fort est protégé par une serrure-horloge, Peck. C'est impossible.»

«Bon, alors, venez au centre-ville et identifiez-moi auprès des hôtels, cafés et restaurants pour que je puisse toucher mon propre chèque.»

«Votre chèque a-t-il quelque provision, monsieur Peck?»

Le flot d'invectives qui s'était pressé à l'intérieur du système de monsieur Peck tout l'après-midi brisa ses digues. Il vociféra à l'endroit de monsieur Skinner, lui lançant l'invitation blasphématrice d'aller au diable.

«Demain matin, promit-il d'une voix enrouée, je vais vous battre à mort avec le mognon de mon bras gauche, misérable reptile, paresseux indécrottable.»

Il téléphona ensuite à la résidence de Cappy Ricks, et demanda le capitaine Matt Peasley qui, il le savait, habitait chez son beau-père. Matt Peasley prit l'appel et écouta sympathiquement l'odyssée des malheurs de Peck.

«Peck, voilà bien le pire outrage dont j'aie entendu parler, déclara-t-il. Quelle idée que de vous embarquer à ce point. Prenez mon conseil et oubliez ce vase bleu.»

«Je ne peux pas, dit Peck à bout de souffle. Monsieur Ricks sera grandement déçu, si je ne réussis pas à lui apporter le vase. Je ne voudrais pas qu'il soit déçu de mon bras droit. Il a été tout ce qu'il y a de plus chic avec moi, capitaine Peasley.»

«Mais il est trop tard pour lui apporter le vase, Peck. Il a quitté la ville à vingt heures et il est presque vingt et une heures trente.»

«Je sais, mais si je peux obtenir la possession légale du vase, je pourrai le lui donner avant qu'il ne quitte le train à Santa Barbara, à six heures demain matin.»

«Comment?»

«Il y a une école de pilotage à la Marina et un des pilotes là-bas est un ami à moi. Il nous conduira jusqu'à Santa Barbara, moi et le vase.»

«Vous êtes fou.»

«Je le sais. S'il vous plaît, prêtez-moi deux mille dollars.»

«Pourquoi?»

«Pour payer le vase.»

«Voilà bien la preuve que vous êtes fou... ou soûl. Allons donc, si jamais Cappy Ricks s'oubliait au point de payer une potiche deux cents dollars, il saignerait à mort en l'espace d'une heure.»

«N'allez-vous pas me prêter deux mille dollars, capitaine Peasley?»

«Je n'en ferai rien, mon vieux. Rentrez chez vous, couchez-vous et n'y pensez plus.»

«S'il vous plaît. Vous pouvez encaisser vos propres chèques. Vous êtes tellement mieux connu que moi et c'est dimanche soir...»

«Et une belle façon d'observer le saint jour du Sabbat», rétorqua Matt Peasley qui raccrocha.

«Eh bien, demanda Herman Joost, allons-nous passer toute la soirée ici?»

Bill Peck inclina la tête. «Écoutez, demanda-t-il soudainement, pouvez-vous reconnaître un vrai diamant quand vous en voyez un?»

«Oui», répliqua Herman Joost.

«Voulez-vous m'attendre ici, le temps de passer à mon hôtel et d'en prendre un?»

«Sûrement.»

Bill Peck s'éloigna, boitant péniblement. Quarante minutes plus tard, il revint montrant une bague montée sur platine et sertie de diamants et de saphirs.

«Combien vaut-elle?» demanda-t-il.

Herman Joost examina amoureusement la bague et l'estima modestement à deux mille cinq cents dollars.

«Prenez-la en garantie contre mon chèque, implora Peck. Donnez-moi un reçu pour que, quand vous aurez touché mon chèque, je puisse revenir la reprendre.»

Quinze minutes plus tard, portant sous le bras la potiche bien emballée dans une boîte solide bourrée de copeaux, Bill Peck entrait dans un restaurant et commandait à dîner. Quand il eut terminé, il héla un taxi qui le conduisit au terrain d'atterrissage de la Marina. Auprès du gardien de nuit, il vérifia l'adresse de son ami pilote et à minuit, son ami, au poste de pilotage, Bill Peck et son vase bleu, s'envolèrent au clair de lune en direction sud.

Une heure et demie plus tard, ils atterrirent dans un champ déchaumé de Salinas Valley où, après avoir dit au revoir à son ami, Bill Peck se traîna jusqu'à la voix ferrée et s'assit. Lorsque le train de

Cappy Ricks descendit en vrombissant dans la vallée, Peck enroula le journal du dimanche qu'il avait pris soin d'apporter, en fit une torche improvisée et l'alluma. Debout au milieu de la voie, il agita le papier enflammé avec frénésie.

Le train s'arrêta brusquement, glissant sur les rails. Un serre-frein ouvrit la porte d'un vestibule, et Bill Peck monta péniblement à bord.

«Qu'est-ce que c'est que ces façons de forcer un train à s'arrêter?», demanda le serre-frein avec humeur, tandis qu'il faisait signe au conducteur de repartir. «Vous avez un billet?»

«Non, mais j'ai les moyens de payer mon passage. J'ai arrêté ce train parce que je voulais changer de moyen de transport. Je viens voir un homme, wagon 7, compartiment A, et si vous tentez de m'en empêcher, il y aura mort d'homme.»

«C'est ça. Profitez de votre moignon et faites-moi violence, rétorqua le serre-frein amèrement. Est-ce ce petit vieillard au collet à la Henry Clay et aux favoris en côtelettes que vous recherchez?»

«Très exactement.»

«Bon, il vous cherchait juste avant le départ de San Francisco. Il m'a demandé si je n'avais pas remarqué un manchot portant un paquet sous le bras qu'il lui reste. Je vais vous conduire à lui.»

Il fallut sonner longuement à la porte du compartiment de Cappy avant que le vieux gentleman n'ouvre, en chemise de nuit.

«Très désolé de vous déranger, monsieur Ricks, dit Bill Peck, mais le fait est qu'il y avait tant de Cohen et de Cohn et de Cohan, et qu'il a été si difficile de trouver deux mille dollars, que j'ai manqué à mon engagement de vous rejoindre à dix-neuf heures cinquante-cinq hier soir, selon les ordres. Il m'était absolument impossible d'accomplir cette tâche à l'intérieur du temps alloué mais j'avais résolu que vous ne seriez pas désappointé. Voici le vase. La boutique n'était pas à quatre rues de l'endroit où vous pensiez qu'elle était située, monsieur, mais je suis sûr d'avoir trouvé le bon vase. Il faut que ce soit le bon. Il était assez cher et assez difficile à obtenir, il est sûrement assez précieux pour en faire cadeau à n'importe lequel de vos amis.»

Cappy Ricks regarda Bill Peck comme s'il s'agissait d'une apparition.

«Par les douze Apôtres en guenilles! murmura-t-il. Par le saint Prophète à l'orteil rose! Nous avons changé l'enseigne à votre insu et nous avons multiplié les Cohen à vos dépens; nous avons placé un policier à la porte de la boutique pour vous empêcher de briser la vitrine et nous vous avons mis dans l'embarras d'avoir à trouver deux mille dollars un dimanche soir dans une ville où vous êtes pratiquement inconnu; mais si vous avez raté le train à vingt heures, vous l'avez rattrapé à deux heures du matin et vous avez livré le vase bleu. Entrez et venez reposer votre pauvre vieille jambe, Bill. Serre-frein, je vous suis bien obligé.»

Bill Peck entra et se laissa tomber d'épuisement sur le lit-canapé. «Alors, tout était arrangé, dit-il d'une voix cassée, tremblante de rage. Vous êtes un vieil homme, monsieur, et vous avez été bon pour moi de sorte que je ne peux vous en vouloir de vos facéties. Cependant, monsieur Ricks, je ne puis en supporter autant qu'autrefois. Ma jambe me fait mal et mon moignon me fait mal et mon coeur me fait mal...»

Il fit une pause, étouffant un sanglot, et les larmes d'une rage impuissante remplirent ses yeux. «Vous ne devriez pas me traiter ainsi, monsieur, se plaignit-il un instant après. On m'a appris à ne pas douter des ordres que je reçois, même lorsqu'ils me semblent extrêmement insensés; on m'a appris à obéir aux ordres... à temps quand c'est possible, et si c'est impossible, d'y obéir de toute façon. On m'a enseigné la loyauté envers mon chef... et je déplore que mon chef ait trouvé utile de faire un bouffon de moi. Je n'ai pas eu beaucoup de bon temps au cours des trois dernières années et... et... vous pouvez bien... ref... ref... refiler votre épinette puante et votre mélèze rustique et vos stocks de longueurs irrégulières à quelque paresseux comme Skinner... et vous ferez bien... de faire en sorte... de remplacer... Skinner, parce qu'il est jeune... assez en tout cas... pour sortir vivant d'une raclée... car je vais... la lui administrer... il sera mûr pour... l'hôpital... monsieur.»

Cappy Ricks passa une main paternelle sur la tête brûlante de Bill Peck.

«Bill, mon garçon, j'admets que c'était cruel, diablement cruel, mais je songeais à vous donner un poste important et je devais découvrir beaucoup de choses à votre sujet avant de vous le confier. Alors, j'ai fait le nécessaire pour que vous subissiez le test du vase bleu qui est le test suprême du fonceur. Vous pensiez apporter à mon compartiment un vase de deux mille dollars, mais entre nous, ce que vous avez fait en réalité a été de venir chercher un poste à dix mille dollars par année en tant que directeur à Chang-hai.»

«Quoi... quoi!»

«Chaque fois qu'il me faut choisir le titulaire permanent d'un poste méritant un salaire de dix mille dollars ou plus, je fais passer le test du vase bleu au candidat, expliqua Cappy. Sur les quinze hommes qui ont subi l'épreuve, deux seulement m'ont livré le vase, Bill.»

Bill Peck avait vu fondre sa colère mais les larmes de sa rage toute récente brillaient encore dans ses audacieux yeux bleus. «Merci, monsieur. Je vous pardonne... je ferai du bon travail à Chang-hai.»

«J'en suis sûr, Bill. Maintenant, dites-moi, mon garçon, n'avez-vous pas été tenté d'abandonner lorsque vous vous êtes rendu compte des obstacles presque insurmontables que j'avais placés sur votre route?»

«Oui, monsieur, je l'ai été. J'ai voulu me tuer avant d'avoir fini de téléphoner à tous les C-o-h-n... eh bien, je suis comme ça, monsieur, je ne pouvais abandonner parce que cela aurait été déloyal envers un homme que j'ai connu autrefois.»

«Qui était-ce?» demanda Cappy, une nuance de respect dans la voix.

«Il était mon général de brigade et sa brigade avait une devise: *Ce sera fait.* Lorsque le commandant divisionnaire le fit appeler et lui ordonna d'avancer avec sa brigade et d'occuper le territoire ennemi, notre général de brigade dit: «Très bien, monsieur. Cela sera fait.» Si jamais un officier de sa brigade montrait des signes de vouloir flancher parce que la tâche lui semblait impossible, le général de la brigade n'avait qu'à le regarder une seule fois; dès lors, cet officier se souvenait de la devise, se mettait à la tâche et faisait son travail, prêt à mourir s'il le fallait.

«Dans l'armée, monsieur, l'esprit de corps ne vient pas d'en bas. Il se transmet à partir du haut. La troupe n'est jamais que ce qu'en fait son officier-commandant; ni meilleur, ni pire. Au sein de ma compagnie, lorsque le sergent-major décidait de soumettre un simple soldat à la corvée de cuisine pour une semaine, mal en prenait au simple soldat qui n'arrivait pas à sourire et dire: *Très bien, sergent, cela sera fait.*

«Le général de brigade me fit chercher un jour et m'ordonna de sortir et d'aller descendre un certain tireur d'élite allemand. J'avais eu de la veine jusque-là (certains jours, j'en prenais pour mon rhume) et il avait entendu parler de moi. Il déroula une carte et me dit: *Voici à peu près où il s'est embusqué. Allez le surprendre, simple soldat Peck.* Je vous le dis, monsieur Ricks, je réagis sur-le-champ, le saluai avec mon fusil et lui dis: *Monsieur, cela sera fait...* Je n'oublierai jamais le regard que m'a lancé cet homme. Il est venu me voir à l'hôpital du front après que j'eus marché dans le champ de tir de l'un de ces soldats autrichiens. Je savais que j'avais perdu mon aile gauche et je sentais que ma jambe gauche était sur le point de me lâcher, et j'étais déprimé, je voulais mourir. Il est venu et m'a secoué. Il a dit: *Allons, simple soldat Peck, vous n'êtes pas à moitié mort. Dans la vie civile, vous vaudriez une demi-douzaine de gens qui ont tous leurs morceaux; n'est-ce pas?* Cependant, j'étais si bas que je lui ai dit que je ne le croyais pas, alors, il me toisa durement et dit: *Le simple soldat Peck fera tout en son pouvoir pour guérir et, pour commencer, il va sourire.* Évidemment, présentant la chose sous la forme d'un ordre, je dus lui consentir la réplique habituelle, alors j'ai souri et dit: *Monsieur, cela sera fait.* C'était tout un homme, monsieur, et sa brigade avait une âme, la sienne...»

«Je vois, Bill. Et l'esprit qui l'animait vit encore, hein? Qui était-il, Bill?»

Bill Peck nomma son idole.

«Par les douze Apôtres en guenilles!» Il y avait de l'admiration dans la voix de Cappy Ricks, il y avait de la vénération dans ses vieux yeux éteints. «Mon fils, continua-t-il doucement, il y a vingt-cinq ans, votre général de brigade fut candidat à un poste important chez nous; je lui ai servi le test du vase bleu. Il n'a pu se procurer le vase légitimement, alors il a lancé un caillou dans la vitrine, s'est emparé du vase et a couru deux kilomètres avant que la police ne lui mette le grappin dessus. Cela m'a coûté très cher pour réparer les pots cassés et imposer le silence sur l'incident. Cependant, il était trop bon, Bill, et je ne pouvais rester au travers de son chemin; je l'ai laissé aller à sa destinée. Mais dites-moi, Bill, comment vous êtes-vous procuré les deux mille dollars nécessaires à l'achat du vase?»

«Un jour, raconta l'ancien simple soldat Peck, songeur, le général de brigade et moi étions les premiers arrivés à l'entrée d'un abri. Il s'agissait d'un abri de quartier général et ses occupants refusaient de se rendre; alors, je les bombardai puis descendis dans l'abri. Je trouvai dans les décombres un doigt encore orné d'une bague; le brigadier-général me dit que si je ne la prenais pas, quelqu'un d'autre s'en emparerait. J'ai laissé cette bague en garantie contre mon chèque.»

«Mais comment avez-vous eu le courage de m'engager à payer un vase de deux mille dollars? Ne vous êtes-vous pas rendu compte que le prix était insensé et que je pouvais refuser la transaction?»

«Certainement pas. Vous êtes responsable des actes de votre serviteur. Vous êtes loyal et je savais que vous ne répudiriez pas mon action. Vous m'avez dit quoi faire mais vous n'avez pas voulu insulter mon intelligence en me racontant comment le faire. Lorsque feu mon général de brigade m'envoya débusquer le franc-tireur allemand, il n'a pas pris en considération que le franc-tireur aurait pu me tuer. Il m'ordonna de le descendre. C'était mon affaire de voir à ce que j'accomplisse ma mission et poursuive mon objectif que je n'aurais pas atteint, évidemment, si j'avais permis à l'Allemand de m'avoir.»

«Je vois, Bill. Bon, donnez ce vase bleu au porteur, demain matin. Je l'ai payé quinze cents dans un magasin à rayons. Entre-temps, hissez-vous jusqu'à la couchette du haut et installez-vous pour goûter un sommeil bien mérité.»

«Mais ne vous rendez-vous pas à un anniversaire de mariage à Santa Barbara, monsieur Ricks?

«Non. J'ai découvert, il y a longtemps, Bill, qu'il était bon que je m'éloigne de la ville pour jouer au golf aussi souvent que possible. À part ça, il est plus prudent de rester éloigné du bureau pendant une semaine après qu'un chasseur de vase a failli à la tâche et... À propos, Bill, quel sport pratiquez-vous? Oh, pardonnez-moi, Bill. J'avais oublié au sujet de votre bras gauche.»

«Attention, monsieur, rétorqua Bill Peck, je suis assez grand et assez laid pour jouer au golf d'une seule main.»

«Mais avez-vous déjà essayé?»

«Non, monsieur, répondit Bill Peck sérieusement, mais... ce sera fait!»

ATTITUDE D'UN GAGNANT

L'auteur, Denis Waitley, fait autorité pour ce qui est de l'amélioration des performances et du développement personnel. Il est consultant pour de grandes corporations, des organisations gouvernementales et privées.

Voici sa formule pour développer les qualités d'un gagnant qui sont: la conscience de soi, l'estime de soi, la maîtrise de soi, la motivation positive, l'optimisme, une image mentale positive de soi-même, l'auto-guidage, la discipline personnelle, l'expansion de soi et la projection de soi. En lisant son livre, vous découvrez sa formule pour cultiver ces qualités et les utiliser pour devenir gagnant.

Images de gagnants

Qu'est-ce qu'une image de gagnant? Comment agit-elle sur les gagnants — sur les gens que vous admirez le plus — sur ce qu'ils veulent en affaires et dans la vie? Comment pouvez-vous l'utiliser en votre faveur pour vous procurer ce que vous voulez? Chaque gagnant a eu une image de gagnant. Moïse en eut une. Et Jésus. De même pour Babe Ruth, Eleanor Roosevelt, Rudolph Valentino et John F. Kennedy. Cette image de gagnant a été appelé charisme, charme, personnalité, bonnes manières, intuition, une certaine grâce, l'art de vendre. Peu importe le nom que vous lui donniez, c'est en fait comment les autres vous perçoivent; c'est l'image de vous-même que vous projetez dans leurs esprits qui fait qu'ils vous aiment, vous admirent, vous croient, qu'ils *veulent faire ce que vous dites.* Dans *Images de Gagnants,* Robert L. Shook vous aidera à jeter un regard franc et sévère sur votre image actuelle, comment les autres vous voient et réagissent à vous, comment vous vous voyez. Il vous présentera les méthodes que vous pouvez commencer à utiliser pour bâtir une image qui vous conduira efficacement où vous voulez être.

En vente chez votre libraire ou à la maison d'édition:

Les éditions Un monde différent Ltée
3400, boulevard Losch, local 8
Saint-Hubert, QC
Canada J3Y 5T6